Lb 37/4774.

ORAISON FUNEBRE
DE
MARIE THERESE
D'AUTRICHE,
REINE DE FRANCE,
ET DE NAVARRE,
EPOUSE DE LOUIS LE GRAND,
ET MERE DE MONSEIGNEUR LE DAUPHIN:

Prononcée dans l'Eglise Metropolitaine de Toulouse le 3. Septembre 1683.

Par Messire COSME ROGER Evêque & Seigneur de Lombez.

A TOULOUSE,
Par J. BOUDE, Imprimeur du Roy, des Estats Generaux de la Province de Languedoc, de l'Vniversité de Toulouse, & de la Cour, 1683.

AVEC PERMISSION.

ORAISON FUNEBRE
DE MARIE THERESE D'AUTRICHE,
REINE DE FRANCE ET DE NAVARRE, EPOUSE DE LOUIS LE GRAND, ET MERE DE MONSEIGNEUR LE DAUPHIN.

Regina surget in Judicio cum generatione ista & condemnabit eam.   Math. 12. v. 42.

Une Reyne consommée en merites sur la terre & couronnée de gloire dans le Ciel, s'élevera au grand jour du Jugement & condamnera par ses Vertus le monde aveuglé, qui n'aura point profité de ses Exemples. Ces paroles sont sorties de la bouche de JESUS-CHRIST; & sont raportées en S. Mathieu, chapitre douziéme.

Ouvois-je jamais penser, MESSIEURS, qu'aprez avoir eu l'honneur l'espace de tant d'années de prêcher la parole de Dieu à cette pieuse Reine dont la mort met toute la France en deüil : Pouvois-je penser, qu'aprez avoir cessé de lui parler de Dieu à la Cour, pour venir dans la retraite de mon Diocese, satisfaire à mon obliga-

A

tion de parler à Dieu pour elle, je fusse destiné du Ciel à reparoître encore aujourd'huy dans cette illustre Assemblée pour faire son Eloge funebre, & pour exposer à vos yeux toute la moisson qu'elle a faite de ce Grain Evangelique que la Grace avoit semé dans son ame & dans son cœur ? Comment pourrai-je avec si peu d'éloquence & tant de douleur m'aquiter d'un si triste devoir, dans lequel vous conviendrez avec moi que consiste la plus grande de toutes les difficultez qui se puisse rencontrer dans les actions publiques. Car comme il y a de deux sortes de Grands dans le monde, de grands Princes & de grands Saints, qui fournissent la matiére des Panegyriques & des Oraisons funebres ; il y a aussi de deux sortes d'Orateurs qui travaillent à leurs louanges, & une double éloquence dont ils observent les régles. C'est l'employ des Orateurs profanes & de l'éloquence humaine de loüer les Grands du monde, & c'est le travail des Predicateurs Evangeliques & de l'éloquence Chrétiene de faire l'éloge des grands Saints. Or tous les siecles sont tombez d'accord, que c'est un art tres difficile que celui qui entreprend de loüer les Grands du monde ; toute l'antiquité qui estoit si feconde en Orateurs ne nous ayant peu fournir que deux ou trois excellents Panegyriques : il faut pourtant avoüer, que c'est toute une autre difficulté que d'avoir à loüer les Saints qui regnent avec Dieu. C'est un art tout celeste, & qui a quelque chose de divin ; parce qu'il ne suffit pas d'y mettre en œuvre les paroles étudiées d'une sagesse purement humaine, il y faut encore employer (comme dit l'Apôtre) ce qu'il y a de force & de vertu dans la parole divine, *Sermo meus & Prædicatio mea non*

in

in persuasibilibus humanæ sapientiæ verbis, sed in ostensione spiritûs & virtutis.

Mais tout le monde doit convenir que celle des difficultés qui passe toutes les autres, c'est d'avoir à faire dans un seul discours le Panegyrique d'un grand Prince & l'eloge d'un grand Saint; or c'est cette double difficulté, MESSIEURS, qui se presente maintenant à moy, puis que je me trouve obligé dans l'Oraison Funebre de cette grande ame que le Ciel vient d'enlever à la terre, de faire l'éloge de la plus grande Reine du monde, & celuy d'une grande Sainte devant Dieu.

Il est vray que j'ay cét avantage pour reüssir à ce grand travail, qu'il semble qu'il soit déja consommé par la voix publique, avant même que je l'aye commencé par la mienne: je puis dire avec verité que je ne seray aujourd'huy que l'écho d'un nombre infini de voix & de personnes de tous les rangs qui font retentir par tout ces tristes & sinceres gemissemens. O France que tu viens de faire une perte irreparable dans la mort de cette sage & pieuse Reine qui étoit l'honneur de la Cour, le bonheur des Peuples, & l'appuy de la Couronne par le credit que sa vertu luy avoit acquis auprés de Dieu!

Mais n'entends-je pas une autre voix qui sort du tombeau de cette vertueuse Princesse & qui crie aux Peuples si justement touchez de sa perte: Pleurez, Peuples, Pleurez sur vous & non pas sur moy, puis que j'ay changé une vie peu heureuse & perissable contre une vie éternelle & une felicité infinie. Pleurez sur vous & craignez que je ne sois cette Reine destinée du Ciel à prononcer vôtre condamnation au jour redoutable du jugement, parce que vous n'avez pas profité de mes exemples. Que si l'humilité de cette vertueuse Princesse, dont elle ne se sera pas depoüillée aprés sa mort, l'empéche d'avoir une si haute opinion de sa vertu, que de croire qu'elle soit reservée pour condamner les pechez du monde : Qu'il me soit permis de le prononcer de la part de Dieu, & de vous dire d'une voix animée de la crainte de la justice du Ciel, *Regina surget in judicio cum generatione ista & condemnabit eam*, cette auguste Reine consommée en merites sur la terre & couronnée de gloire dans le Ciel vous condamnera

Division du discours

tres severement au dernier jour. Elle condamnera l'orgüeil de ceux de son rang par l'exemple de son humilité, elle condamnera les dereglemens des personnes de son sexe par sa pureté, elle condamnera le peu de foy & de vertu de ceux de sa Religion par sa pieté. Ce sont les belles idées que me fournit aujourd'huy pour remplir mon discours la vie toute brillante de vertus, mais sur tout d'humilité, de pureté, & de pieté de MARIE THERESE D'AUTRICHE, REINE DE FRANCE ET DE NAVARRE, digne Epouse de LOUIS LE GRAND, seul titre qui acheve & consomme son Eloge.

I. PARTIE.

La Reine condamnera au jugement l'orgüeil de ceux de son rang par son humilité.

C'est le juste devoir d'un Evêque, MESSIEURS, & non pas une presomption temeraire, de parler le langage des Apôtres, puis qu'il a l'honneur de succeder à leur dignité; Je commenceray donc l'Eloge de nôtre pieuse Reine par les mémes paroles qu'employa l'Apôtre S. Jean, pour nous précher la vie de JESUS-CHRIST, *quod audivimus, quod vidimus oculis nostris, annuntiamus vobis*. Je ne vous parleray aujourd'huy que de ce que j'ay entendu, que de ce que j'ay veu des actions merveilleuses de la sainte Princesse que nous regrettons. Je n'ay pas eu le temps, ni méme le besoin d'emprunter des memoires du dehors, & je puis bien répondre à mon illustre Auditoire que j'auray une exactitude scrupuleuse à ne point franchir les bornes de la verité: ce seroit blesser mortelement l'honneur de mon caractere, de méler parmi des loüanges si pures, de faux compliments humains, un Evêque ne doit point brûler d'encens profane, & n'en doit jamais presenter de sacré qu'à Dieu, qu'à ses Saints & à ses Autels.

Je dis donc que nôtre vertueuse Reine condamnera au dernier jour l'orgueil de ceux de son rang par sa tres profonde humilité, & pour ne toucher pas legerement une si riche matiere, si essentielle à son Eloge & si importante à l'instruction des Grands du monde, je vay remonter jusqu'à la premiere source de l'élevation des hommes sur la terre qui ne leur devroit prêcher que l'Humilité, quoi qu'ils ne se portent ordinairement qu'à l'orgueil.

C'est une verité constante dans la Theologie, que si les hommes eussent conservé l'heureux état de la premiere innocence, cette relation odieuse de Maître & de Serviteur n'auroit jamais esté connuë parmi eux; il y auroit bien pû avoir (comme dit S. Thomas) une noble subordination des uns aux autres, telle qu'elle se trouve dans les divers ordres des Anges par le plus ou le moins de lumiere; mais il n'auroit point esté parlé, pour lors ni de Souverains, ni de sujets, ni de Maîtres, ni d'Esclaves; d'où vient donc l'établissement de cette grande inegalité de conditions qui se trouve dans le monde? il procede veritablement de la pure volonté de Dieu, qui a établi (comme dit S. Paul) toutes les puissances humaines; mais d'où cette volonté divine a-t-elle pris son motif? Franchissons le mot, MESSIEURS, elle l'a pris de la revolte de l'homme contre luy, c'est à dire du peché.

Or parce que celui que Dieu a établi Maître & Souverain sur la terre, est aussi bien pécheur que cét autre qu'il a ravalé à la condition de sujet & de serviteur, il a voulu punir également le peché dans tous les deux, mais d'une maniere bien differente; il a chatié le peché du serviteur par la condition humiliante où il l'a reduit d'estre soumis à un Maître, & il a puni encore plus feverement le péché du Maître en luy imposant la loy de l'humilité Chrêtienne; humilité dont les obligations étant bien comprises ont quelque chose de plus facheux & de plus austere, que ne font toutes les bassesses de l'état des serviteurs; car il semble que Dieu n'oblige pas un pauvre serviteur, un miserable Esclave à s'humilier, autrement il pourroit luy dire avec quelque sorte de justice, hé comment voulez-vous, Seigneur, que je m'humilie! Vous m'avez placé si bas dans le monde que je ne trouve pas un seul degré à descendre: mais il n'en est pas ainsi des Princes & des Grands, l'humilité leur est une vertu possible & necessaire, elle les engage sous de grandes peines à s'humilier non seulement devant Dieu, mais aussi souvent par justice devant les hommes. Voilà un solide principe de la Morale Chrêtienne tres-veritable, tres-important, tres-necessaire au salut des Grands, mais souvent tres-mal conceu, tres-negligé, pour ne pas dire absolument inconnu & méprisé.

O homme de quelque qualité, de quelque élevation que tu sois dans le monde, rends-toy un peu de justice, & fais quelques reflexions judicieuses sur l'excez de ton aveuglement! considere attentivement la baze honteuse qui soutient le colosse effroyable de ton orgueil; toute l'authorité, tout l'Empire que tu exerces sur les autres hommes a pour premiere origine le péché; que si tu veux

encore

encore reprendre de plus loin (dit S. Augustin) les veritables sujets que tu as de t'humilier, raisonne sur cette grande verité qui est aussi bien établie que les fondemens de l'univers, *antequam homo esses, limus eras, antequam limus esses, nihil eras.* Voilà ta glorieuse genealogie, ô Homme superbe, qui as tant de peine à t'humilier devant Dieu même : avant que tu fusses grand, tu étois pécheur; avant que tu fusses homme, tu n'étois que de la fange, & avant que tu fusses de la fange, tu n'étois rien, c'est à dire en peu de mots, que le limon est ton pere, le neant ton ayeul, & le péché le plus ancien de tous tes Ancêtres.

Paroissez maintenant parfait modele des humbles, quoi que vous soyez en effet la plus grande Reine du monde, Paroissez telle que vous paroitrez au dernier jour du jugement, élevée sur un Thrône de justice pour condamner l'orgueil insoutenable de ceux qui se méconnoissent dans la hauteur de leur rang. Qui a jamais mieux connu que vous, mais qui a plus saintement pratiqué que vous les regles les plus austeres de l'humilité Chrêtienne ? Y a-t-il grandeur dans l'univers que vous ne possediez pas souverainement ? Grandeur d'origine où l'on ne voit que des Têtes couronnées, que Rois, que Reines, qu'Empereurs, qu'Imperatrices, Grandeur d'alliances à tout ce qu'il y a de plus auguste sur la terre ! Grandeur qui est parvenuë au comble de toutes les grandeurs par vôtre heureux mariage avec l'invincible LOUIS LE GRAND. Et cependant vous voyant élevée si haut, vous ne perdés point de veüe les veritables motifs qui vous obligent à vous humilier devant Dieu & devant le monde. Vous nous paroissez bien instruite, sage Princesse, de cette belle verité, qui est sortie de la bouche d'un Profane, & qui meritoit d'être sortie de la bouche d'un Apôtre, *Pessimi sunt & execrandi, qui in Imperio, nihil nisi imperium cogitant.* Qu'il n'y a rien de si odieux, rien de si digne d'execration que ces Grands superbes & orgueilleux, qui ne pensent jamais à autre chose dans leur grandeur qu'à la grandeur même.

Si nôtre Princesse fait quelques reflexions sur l'auguste grandeur de sa Maison toute Royale, ce n'est que pour reconnoître les obligations infinies qu'elle a aux bontés de son Dieu, qui l'a presque également avantagée dans l'ordre de la nature & dans l'ordre de la grace; elle n'arrête ses yeux avec plaisir que sur ceux de ses Ancêtres, qui ont sçeu joindre l'humilité Chrêtienne à la hauteur de leur rang. Qu'elle est agreablement charmée, quand elle lit dans l'Histoire ce que fit cet excellent Prince Rodolphe dont procede toute la grandeur de l'Auguste Maison d'Autriche. Cet humble Chrêtien allant un jour à la campagne sans autre escorte que celle d'un autre Prince son parent rencontra un Prestre qui portoit à un malade le divin Sacrement de l'Autel. Ce Prince regardant aussitôt cette divine Majesté voilée, d'une foy presque aussi vive que l'est la lumiere des Saints qui la regardent à decouvert dans la gloire, se prosterne contre terre pour luy rendre ses hommages, & faisant monter sur son cheval le bon Prestre fatigué, & son Clerc sur celuy du Prince qui l'accompagnoit, il les suit humblement à pied jusqu'au lieu où ils portent cette Majesté adorable, il leur donne liberalement les chevaux & par cette humble & charitable action il tire des larmes de tendresse & de reconnoissance des yeux du bon Prestre, il attire sur soy mille benedictions du Ciel & reçoit le même jour un oracle de la future grandeur de sa Personne & de sa Maison, de la bouche d'une sainte Fille Religieuse qui luy predit qu'il porteroit dans neuf ans la Couronne Imperiale.

Voila un spectacle domestique d'humilité qui ravit nôtre humble Reine THERESE, & qu'elle trouve infiniment digne de son attention, de son admiration, & de son imitation ; elle est ravie de pouvoir apprendre de ses Ayeuls les hommages d'humilité qu'elle doit rendre au Sacrement de l'Autel.

Mais admirés avec combien d'amour & de respect cette Princesse encore plus Chrêtienne qu'elle n'est Reine, revere la Majesté divine sous une autre voile que celuy du Saint Sacrement, j'entends sous le voile de la misere du pauvre ; du pauvre, dis-je, que Tertulien appelle d'un mot hardi, mais qui a une force admirable *Deum larvatum*, un Dieu travesti ; c'est le veritable element de nôtre charitable Princesse d'assister ces miserables, de les visiter, de les consoler. Que ne luy est-il permis de faire tous les jours de sa vie ce qu'elle faisoit le jour de la Cene dans toute la joye de son cœur, de se jetter à leur pieds, de les laver humblement, de les baiser tendrement. Ah ! que la Majesté de son rang luy paroit pesante & incommode, lors qu'elle luy est un obstacle à ces sortes d'humiliations, qu'elle souhaiteroit avec passion de pouvoir pratiquer à tous momens.

Mais son devoir & son amour envers le Roy son aimable Epoux la retirent souvent des Cloîtres & des Hopitaux pour suivre par tout ce grand Astre à qui le symbole du Soleil a esté donné avec tant de raison & de justice ; Ouy, MESSIEURS, c'est son veritable centre de vivre à l'ombre de ce grand Soleil, sa profonde humilité qui est l'une de ses vertus predominantes, fait que se voyant toute environnée de rayons de majesté & de gloire de ce bel Astre, elle n'en fait autre usage que celuy que font les quadrans des regards du Soleil de l'Univers : vous sçavez qu'ils ne s'appliquent sa lumiere, que pour marquer toutes les heures par des ombres ; ainsi nôtre humble Princesse ne se pouvant separer, non pas même dans les voyages les plus penibles de la presence de son veritable Soleil qui s'est rendu le Maître absolu de son cœur, semble pourtant ne vouloir rien retenir pour elle-même des rayons éblouïssans de sa gloire, que de marquer toutes les heures de sa vie par les ombres d'une humilité chrêtienne.

Admire donc, qui voudra la gloire & la splendeur, qui brillent de toutes parts dans la personne & dans la dignité de THERESE nôtre Reine ; pour moy je n'estime rien tant que les ombres d'humilité qui en relevent l'éclat. Il est de la vie de cette vertueuse Princesse comme des excellens tableaux, ce sont plutost les ombres que les jours qui y donnent le prix & la beauté. Je vois bien du solide éclat dans la dignité que Jesus-Christ donne à S. Pierre, puis que c'est la premiere du monde Chrêtien, cependant ce n'est point par sa lumiere, mais c'est par son ombre seule, que se font tous les miracles.

A vray dire l'un sert necessairement à donner du lustre à l'autre ; une ombre qui n'est point rehaussée par la lumiere n'est que tenebres & obscurité, & une lumiere sans ombre n'a qu'un vain éclat, qui est plus propre à éblouïr qu'à éclairer ; il n'y a que le mélange, & l'union des deux

ensemble

ensemble, qui fait la perfection d'un ouvrage: si THERESE avoit moins d'éclat & de splendeur par ses glorieuses qualités de premiere Reine du monde, & d'Epouse du plus grand Roy de la terre, les ombres de sa tres-profonde humilité qui y donnent le relief, en paroîtroient beaucoup moins.

Une humilité qui est environnée de gloire & d'honneur est une vertu bien rare, dit S. Bernard, *magna prorsus & rara virtus humilitas honorata*, l'ombre d'une vie obscure est plutost un triste état d'humiliation, qu'une solide vertu d'humilité; mais d'autant plus qu'une humilité toute environnée d'éclat & de gloire est une vertu tres rare & tres difficile, d'autant plus honore-t'elle l'ame sainte qui la possede; si bien que c'est achever en deux mots l'éloge de nôtre Reine, de dire qu'il n'y eut jamais rien de plus grand qu'elle dans le monde, ni rien de plus humble qu'elle devant Dieu.

Ah! que cette sainte & profonde humilité si avantageuse pour elle doit estre redoutable pour vous Roys, Princes, Grands de la terre! Que ce faste, que cet orgüeil, dont vous ne pouvez vous dépoüiller devant la Majesté de Dieu même, sera severement condamnée au jour du dernier jugement par les rares exemples d'humilité, que vous a donnés à tous cette vertueuse Princesse! *Regina surget in judicio cum generatione ista, & condemnabit eam.*

Or quoy que Dieu n'ayt promis qu'un seul siége à ses Elûs qui condamneront les pecheurs au dernier jour, il n'a pas dit neanmoins, qu'ils ne prononceront qu'un seul jugement contre eux; au contraire il est certain que ces Juges incorruptibles condamneront autant de fois les vices du siecle, qu'il y en aura d'opposés aux grandes vertus

D

dont ils auront été les modeles pendant leur vie. Ainsi nôtre grande Reine ne condamnera pas seulement au Jugement general l'orgüeil des personnes de son rang par la tres profonde humilité, elle condamnera encore tres-severement la conduite dereglée des personnes de son sexe par son admirable pureté. C'est ce qui me donne un saint & charmant sujet pour la seconde partie de son Eloge.

II. PARTIE La Reine condamnera au Jugement la conduite dereglée des personnes de son sexe par sa pureté.

Chacun sçait que tout l'honneur des Dames de la Loy ancienne consistoit à recevoir de Dieu le don de fecondité, & qu'au contraire la plus grande gloire des Dames de la Loy Chrêtienne, se tire de cette vertu Angelique qu'on nomme la Virginité. Le plus solide fondement qui appuye l'émulation qu'ont fait paroitre les personnes de ce sexe, les unes pour la virginité, & les autres pour la fecondité, vient de ce que Dieu qui est également fecond & incorruptible, paroit si jaloux de ces deux admirables qualités, que comme si la possession de toutes les deux ensemble approchoit une creature trop prés de la perfection du Createur, il les a divisées dans tous les êtres creés, ensorte que pas une autre que sa divine Mere ne les a possedées conjointement.

Anges, vous serez incorruptibles; Astres, vous le serez aussi; mais vous n'aurez aucune part, les uns ni les autres au don de fecondité; vous n'aurés jamais la vertu d'engendrer des astres ni des Anges semblables à vous? Hommes & Femmes vous aurez la gloire d'être feconds, mais vous n'aurez point l'honneur d'estre incorruptibles. Voila l'ordre & la disposition de la Sagesse eternelle dans le partage qu'elle a fait de ses divins attributs aux creatures. Celuy qui est avantagé de l'un, est indispensablement privé de l'autre ; j'ay donc eu raison de dire que c'est ce qui a partagé l'estime des Dames de la Loy ancienne, & de celles de la Loy nouvelle ; dans l'une elles n'ont aspiré qu'à l'honneur de la fecondité, dans l'autre elles luy ont preferé de beaucoup la gloire de la virginité, & Jesus-Christ méme s'est absolument declaré en faveur de celle-cy par la doctrine de son Evangile & par l'exemple de sa personne.

Nous sçavons (chaste & vertueuse Princesse) nous sçavons la forte passion que vous fites paroitre dés vos premieres années, de vouloir donner une seconde Ste. Therese en Espagne, en menant la vie d'un Ange sur la terre par la conservation du tresor inestimable de vôtre virginité: mais comme les personnes de vôtre rang, n'ont pas la libre dispositiō d'elles-mémes, & qu'elles sont destinées dés leur naissance à étre le lien & le ciment des Couronnes, leurs mariages étant les premiers articles des paix generales comme fut le vôtre, il fallut sacrifier vos inclinations particulieres au repos des deux premiers Royaumes du monde, & au souverain bonheur de celuy ci. Le pouviés-vous faire plus heureusement, Princesse benite de Dieu, que par cette glorieuse fecondité qui a donné un Successeur à LOUIS LE GRAND, que nous esperons devoir étre un jour sa parfaite image, & par luy un second Prince qui ayant attiré les prodiges du Ciel dés sa naissance, & causé à toute la terre un excez de joye inoüi jusques à luy, semble avoir posé dans nôtre France les solides fondemens d'un Temple de felicité qui durera (si nos vœux sont exaucez) autant que durera l'Univers.

Mais ne pensés pas que nôtre incomparable Reine n'ait rien adjouté par sa vertu à la gloire de sa fecondité pour se dedomager autant qu'il étoit possible de la perte de son intégrité. Anges, vous le sçavés, que toute sa vie a été si chaste, si pure, & si semblable à la vôtre, qu'on a veu avec admiration, que pendant que le Ciel donnoit la fecondité à son corps, sa pureté Angelique donnoit l'incorruption à son ame. Disons, Messieurs, qu'elle a imité l'adresse ingenieuse de ceux qui embaument les corps des defunts, lesquels ne leur pouvant donner l'immortalité, leur procurent au moins l'incorruption. Ainsi cet Ange terrestre que Dieu nous avoit donné pour Reine, connoissant qu'elle ne pouvoit conserver en son corps le beau lustre de la virginité, sembla avoir embaumé, avoir parfumé son ame d'une incorruption de mœurs si admirable, que nous pouvons dire qu'elle avoit trouvé un secret celeste de joindre en elle-même, ces deux rares qualités qui paroissent incommunicables ensemble aux creatures, la fecondité des meres, & l'incorruption des Anges.

J'appelle ici, Messieurs, la critique la moins Indulgente de la Cour, pour rendre un témoignage public, si jamais cette ame incorruptible a donné la moindre licence à ses sens contre les regles les plus austeres de la pureté ? Qui luy a jamais oüi prononcer une parole qui n'eut été bienseante en la bouche d'une Vierge aussi sainte, que les Agnés, les Ceciles, & les Thereses ? Qui a jamais surpris ses regards dans une liberté qu'un Ange du ciel n'eut pas voulu prendre apparoissant dans un corps humain ? & quoy que l'oreille soit un sens hypocrite qui peut aisément dissimuler ses larcins, & ce qu'elle feint de ne pas vouloir entendre ? Qui a jamais été assez temeraire pour oser prononcer devant elle un seul mot qui eut pû souffrir un double sens.

Au

Au reste ce qui doit paroistre de plus admirable dans une conduite aussi delicate qu'étoit celle de la Reine en matiere de pureté, c'est qu'elle a bien sçeu se preserver de cette critique importune, qui ne peut pas reprimer, quand la prudence l'ordonne, ces saillies impetueuses d'un zele indiscret qui donnent quelques fois plus de scandale que le peché même. La plus severe correction que cette sage Princesse ait faite des vices qui paroissoient à la Cour, consistoit dans la sainteté de ses exemples: & comme elle n'avoit point d'indulgence pour les fautes qu'elle croyoit devoir attaquer par des corrections necessaires, elle n'avoit point aussi d'emportement, quand elle croyoit ses remontrances ou inutiles ou à contre-temps.

Science merveilleuse pour vivre saintement & prudemment à la Cour, Science qui étoit enseignée aux Fideles dés les premiers siecles de l'Eglise, comme une sage maxime de la politique chrêtienne, de sçavoir condamner les crimes des Grands plûtôt par la sainteté des exemples, que par l'indiscretion des paroles. Nous l'apprenons de Tertulien qui dit que les Payens voulant tendre des pieges dangereux au zele, ou à la prudence de nos Peres, leur demandoient, ou pourquoy ils refusoient d'assister aux spectacles & aux recreations publiques, où leurs Princes presidoient s'ils ne les improuvoient pas, ou pourquoy s'ils les improuvoient, ils n'osoient les condamner ouvertement par des censures severes? Pourquoy (dit ce sçavant homme) c'est parce que nous avons appris de nôtre Loy le respect que nous devons porter aux puissances de la terre, & qu'il ne nous est pas permis de murmurer publiquement de leurs actions, mais nous avons une maniere sainte & prudente de les corriger qui ne peut estre juste-

E

ment blamée de perfonne, c'eft que nous condamnons par nos bons exemples, ce qu'il ne nous eft pas permis de condamner par la liberté de nos paroles, *gaudia Cæfarum cafti & probi expungimus.*

Il n'appartient en effet qu'aux Confeffeurs au tribunal de la confcience, & quelquefois aux Predicateurs dans la chaire de verité, de cenfurer les vices des Princes par la jufte feverité des remonftrances; tout le refte des hommes doit prendre le fage parti de garder un filence refpectueux, & condamner par des exemples de vertu, plûtôt que par des murmures indifcrets, des vices & des defauts, dont leurs maîtres ne font refponfables qu'à Dieu feul.

Mais retournons aux belles idées de pureté que nous a données la vie fans tâche de nôtre fainte Princeffe. Quand S. Paul deffend aux Chrêtiens de parler entre eux du crime qui eft opposé à cette belle vertu, il femble qu'il voudroit leur infpirer de ne s'entretenir que d'elle & de ce qui la peut conferver dans leurs cœurs. Ecoutons donc fur ce charmant fujet la chafte Epoufe de LOUIS LE GRAND, vous l'entendrez parler par la propre bouche de la divine Epoufe au Cantique; c'eft là qu'elle tient confeil pour convenir de l'education qu'il faudra donner à une jeune perfonne de fon fexe qui alloit entrer dans le grand monde, elle demande quelles precautions il faudra prendre pour empêcher que l'on ne corrompe fon oreille par des entretiens trop libres. *Quid faciemus forori noftræ in die quando alloquenda eft?* Voici une refoulution bien furprenante & bien fevere qui fe prend dans ce divin confeil où le Saint Efprit prefide; fi nous trouvons que cette jeune Princeffe nôtre fœur ait un mur fur fon oreille pour la deffendre des difcours impurs qui pourroient blesser son innocence, batissons encore sur ce mur une seconde muraille, & si nous voyons quelque sorte d'entrée qui y reste, fermons-la avec des portes de cedre qui sont le symbole de l'incorruption ; *si murus est, ædificemus super eum ; si ostium compingamus illud tabulis cedrinis.*

Quiconque aura été assez heureux pour oüir les entretiens ordinaires de nôtre sage & vertueuse Reine, lui aura entendu tenir souvent le même langage. Ses craintes étoient si prudentes sur la conduite des jeunes filles de qualité qui avoient l'honneur d'étre nourries auprés d'elle, que ses paroles, ses regards, ses exemples étoient des leçons continuelles de modestie, de sagesse, de vertu.

Mais ne croyez pas, MESSIEURS, qu'il n'y ait point d'autres traits à donner au pourtrait de cette grande Reine pour le rendre ressemblant à l'original, que d'y appliquer les couleurs celestes de l'humilité & de la pureté, il faudroit pour achever son tableau faire celuy de toutes les vertus morales & chrêtiennes. Jamais Princesse n'a mieux confirmé qu'elle a fait, cette belle verité, que comme c'est le partage de la France de donner au monde les plus accomplis de tous les Roys, c'est aussi un droit acquis à l'Espagne de donner à la France les plus parfaites de toutes les Reines. Blanche mere de S. Loüis, Anne épouse de LOUIS LE JUSTE, THERESE digne compagne de LOUIS LE GRAND ne nous laisseront jamais oublier la justice éprouvée de cet Oracle.

Que si vous n'en étiés pas encore pleinement persuadés à l'égard de nôtre Reine incomparable, il ne faudroit qu'écouter ce qui me reste à vous dire à sa loüange qui est, que comme elle condamnera au Jugement general l'orgüeil des personnes de son rang par sa tres-profonde humilité, & les desordres de son sexe par l'exemple de sa pureté; elle condamnera encore le peu de foy de ceux de sa Religion par la force de sa pieté. *Regina surget in judicio cum generatione ista & condemnabit eam.*

III. PARTIE.
La Reine condamnera au jugement le peu de foy de ceux de sa Religion par la force de sa pieté.

Ne soyez pas surpris, Messieurs, que j'aye atribué la force à la pieté de la Reine par preference à tous les épitetes que je lui pouvois donner; cette pieté a été en effet d'une force si surprenante, que vous l'allez voir égaler & peut-être surpasser la force invincible de son propre Epoux LOUIS LE GRAND.

Il faut avoüer qu'il n'y a point de vertu morale dont les hommes ayent de plus fausses idées que de la force; car ce n'est pas la bien connoître, que de l'attribuer au bras des Combatans. L'Ecriture donne la malediction à ceux qui font consister la force dans la vertu du bras de la chair. Ceux-là s'écartent encore plus du bon sens, qui cherchent la force veritable dans ces esprits pretendus forts, qui n'ont en partage qu'une miserable foiblesse qui s'ataque à la Religion, à la pieté & à Dieu méme. Le decri que fait S. Augustin de cette force également impie & presomtueuse, est d'une expression si noble, qu'on la peut apeller digne de lui; *Videant viri illi, ne fortes sint magnitudine febris, non firmitate sanitatis.* Prenez garde, ridicule secte d'esprits forts, dit ce Pére, que vôtre force imaginaire ne vous rende semblables à ceux qui souffrent les plus violentes ardeurs de la fiévre. Vous les voyez renverser dans ce pitoïable état de frenesie les hommes les plus robustes; mais quand ils sont délivrez de l'accez du mal, ils tombent miserablement dans la derniére foiblesse, & n'ont ni poux, ni force, ni vigueur.

A

A vrai dire la veritable force est celle d'un grand cœur, est celle d'une grande ame qui consiste à remplir courageusement tous ses devoirs, & sur tout ceux que nous imposent la Religion & la piété. Or nous aprenons de Salomon que les femmes sont capables de cette vertu de force, aussi bien que les plus grands hommes. Cet Oracle de la Sagesse avoüe bien que la rencontre en est difficile; mais il dit aussi que celles d'entre les femmes qui ont la gloire de posseder cette force sublime, sont d'un prix inestimable. *Mulierem fortem quis inveniet? procùl & de ultimis finibus pretium ejus.*

Certes je ne puis rendre justice à nôtre incomparable Reine, si je ne dis hautement qu'elle nous a fait trouver en son auguste Personne cette rare femme forte, que Salomon cherchoit avec tant de soin. Ce sage Prince semble nous conduïre à veuë d'œil, à faire cette heureuse decouverte, quand il dit dans le Cantique, qu'il y a une Dame au monde qui est aussi forte qu'une bataille rangée. Peut-on rien imaginer de plus fort; & pour ne nous point laisser égarer, ni méprendre dans nôtre recherche, il dit que nous trouverons cette Femme forte avec son Epoux au milieu des Lis, *qui pascitur inter Lilia.* Vous voila donc reconnüe pour celle que nous cherchons, forte & courageuse THERESE! Je vous vois au milieu des Lis paroître la plus forte de toutes les femmes; & je dis plus forte que les batailles rangées; puis que vous desarmez même le Dieu des batailles par la force efficace de vos priéres, quand il est prêt à lancer les carreaux de sa colere sur la téte des pecheurs.

Hé, mon Dieu, qu'il est vrai que vôtre justice se desarme facilement, quand la piété d'une ame sainte se presente dans la priére pour vous y forcer! *Hæc vis Deo grata est,*

F

dit Tertulien, rien au monde ne vous est plus agréable, que cette douce violence que l'on vous fait : Et comment, Seigneur, auriez-vous pû resister à ces Oraisons ferventes, continueles & arrosées de torrens de larmes, que cette seconde THERESE vous offroit tous les jours aux pieds des Autels ! *Domine, quas tuorum preces exaudis, si has non audis,* dit S. Augustin: Hé, Seigneur ! quelles prières exauceriez-vous, si vous n'exauciez celles-là ? Permetez-moi que je me cite moi-même en cette occasion, MESSIEURS, puisque mes yeux ont été les témoins fideles de ce que j'avance. Je me souviens d'avoir été assez heureux pour assister durant une Octave entière du Saint Sacrement au Prie-Dieu de cette devote Reine ; il me sembloit voir un Seraphin devant l'Arche qui étoit plus élevé par son esprit vers le Ciel, qu'elle ne tenoit par le poids de son corps à la terre. Ces yeux étoient si fixément arrêtez sur la Majesté presente de son Dieu, qu'elle ne s'apercevoit pas de tout ce qui l'environnoit. Ses mains jointes avec une piété sensible faisoit le même effet sur la Justice divine pour obtenir la victoire sur les ennemis de l'Etat, que celles du grand Moïse, quand il les tenoit étenduës en croix pendant le combat de Josüé. Cette piété sublime avoit sa pure source dans son cœur. Il sembloit que l'on voïoit partir de ce cœur seraphique, comme des étinceles d'un feu sacré, qui rendoit son visage dans la priére, comme celui de Moïse, embrazé d'une flâme divine qui marquoit les entretiens tous celestes qu'elle avoit avec son Dieu.

Qui n'avoüera donc que c'est de ce grand cœur tout devoüé à la piété & aux transports de l'amour divin que parloit le Roy Prophete quand il disoit du cœur d'une Reine & d'une fille de Roy, que toute la force & la gloire de sa vertu procedoit du fond de son interieur, c'est à dire, du plus intime de son cœur : *Omnis gloria ejus filiæ Regis ab intus.* Disons, MESSIEURS, que c'étoient les saints & genereux sentiments de ce beau cœur qui avoient gagné absolument l'amour & la confience du Roy son Epoux : *Confidit in ea cor viri sui.* Ce grand Prince rendoit agreablement ce juste temoignage à la pieté de sa sainte Epouse, qu'elle partageoit l'honneur de toutes ses victoires avec lui. Elle n'avoit pas besoin d'être à ses côtez dans les armées pour emporter de ses mains les depoüilles de ses ennemis, *spoliis non indigebit.* Il la croyoit plus forte aux pieds des Autels, qu'il ne l'étoit lui-même à la tête de ses troupes victorieuses. Et quand il concevoit ses pieux projets d'abatre l'effroïable monstre de l'Heresie dans tout son Royaume : comme il l'execute si saintement & si glorieusement tous les jours, il comptoit beaucoup plus sur l'efficace des prieres de la Reine pour obtenir cet avantage du Ciel, que sur toutes les forces qu'il a en main pour en achever la ruine.

Que cette heureuse Aliance de la force invincible de LOÜIS, & de la force de la pieté efficace de THERESE, pour remporter des victoires sur les ennemis de la Religion & de l'Etat a une glorieuse origine; vous sçavez que les genealogies des Grands ne sont regardées ordinairement que par un seul endroit, je veux dire qu'on n'y considere que la noblesse du sang. Si l'on y rencontre des Heros, ils sont remarqués avec mille éloges, mais l'on ne rend pas toûjours la même justice à ceux qui ont excellé en pieté.

L'Ecriture & les Saints Peres n'en ont pas usé de même quand ils ont dressé la genealogie de JESUS-CHRIST; ils n'ont pas oublié de compter les Princes & les Heros desquels il est descendu, mais ils ont sçeu aussi faire valoir la pieté des grands Prêtres dont il a tiré son origine.

Ces reflexions me portent à remarquer, que comme il s'est trouvé des Saints & des Heros dans les Royales Familles de Bourbon, & d'Austriche parmi les augustes Ancêtres de LOUIS & de THERESE, il semble que ce grand Roy & cette pieuse Reine ont partagé leurs regards pour partager l'imitation de leurs Ayeuls, le Roy tout pieux qu'il est, s'est particulierement appliqué à imiter & à surpasser infiniment les Heros qui luy ont appris à vaincre par la grandeur du courage & par la force des armes, la Reine de son costé a plûtôt consideré les Saints, que les Heros parmi ses augustes Ancêtres, plûtôt les Leopolds & les Henrys qui ont excellé en sainteté, que ceux qui ont été Conquerans, sans se rendre aussi remarquables par la pieté ; & c'est de ces grands originaux de la vertu qu'elle a appris à vaincre les ennemis de la Religion & de l'Estat par l'efficace de ses prieres. Et voila ce qui m'a donné sujet de dire que LOUIS & THERESE ont contribué par des forces égales à remporter ces grandes victoires, qui ont élevé la France à ce haut point de gloire où l'on la voit aujourd'huy.

Mais ne nous laissons pas tellement transporter d'admiration à la veüe de tous les heureux succez de la pieté Angelique de nôtre Reine, que nous venions à oublier, que cette méme pieté qui la rendüe victorieuse de nos ennemis, sera funeste un jour à toutes les ames tiedes sans foy & sans vertu qui n'auront pas profité de ses exemples: souvenons-nous que le Ciel luy prepare un siege de justice au dernier jour du Monde, pour condamner ceux qui font profession de sa Religion, qui n'auront point imité sa condüite toute chrêtienne & toute sainte. *Regina surget*

get in Judicio cum generatione ista, & condemnabit eam.

Je m'aperçois bien que je voudrois passer insensiblement de sa vie toute celeste, à celle qu'elle possede aujourd'huy dans le ciel méme, je sens dans mon cœur, que je voudrois n'être plus obligé à rouvrir nôtre grande playe, en vous parlant de ce triste passage qui nous a ravi sa presence pour jamais! Il faut pourtant que j'avoüe que sa mort a été trop sainte & trop exemplaire, pour en pouvoir supprimer le souvenir. Nous sçavons que cette grande ame a envisagé d'un œil intrepide, ce qui donne de l'effroy aux plus grands courages & aux esprits les plus forts. Nous sçavons qu'elle a receu les divins Sacremens avec une pieté aussi fervente & aussi tranquile, qu'elle les recevoit aux plus beaux jours de sa vie. Nous sçavons que rien ne lui fit de la peine en ce dangereux moment, d'où depend l'éternité, que la crainte de n'avoir pas assez vecu, pour faire une longue & severe penitence. Du reste elle parut toute consolée, toute recüeillie en elle-méme, toute occupée, toute penetrée de l'unique amour de son Dieu, ressentant une consolation infinie de mourir le méme jour que son Sauveur étoit mort pour elle sur la Croix.

O terre! ne conviendras-tu jamais avec le Ciel des sentimens que l'on doit avoir aux trepas des Justes qui mûrent dans le sein de l'Eglise, & dans l'heureuse perseverance en la grace de Jesus-Christ. Nôtre pieuse Reine est morte en ce saint état comblée de merites & de vertus; tout le Ciel en est en joye & en feste, & la terre est toute couverte de deüil. Oseray-je même dire que cette mort si precipitée à nos yeux, si pretieuse devant Dieu & si douloureuse à toute la France, a fait remarquer de la foiblesse dans le plus grand cœur du monde, elle a attendri jusques

G

aux soupirs & aux larmes un courage qui fait trembler tout l'Univers sans que rien ait jamais été capable de l'étonner. Ouy, Invincible Monarque, vous avez été si rudement frapé de la perte d'une si sainte & si aymable compagne; quand la profonde tristesse a saisi vôtre grand cœur, elle vous a fait gemir avec vôtre Auguste Fils, avec son illustre Epouse, avec toute la Famille Royale, avec toute la France, avec toute l'Eglise, avec tout ce qui a assez de justice & de bon sens, pour regreter la mort de l'une des plus accomplies Souveraines qui ayent jamais regné sur les hommes.

Mais qui sçait si cette grande Reine toute juste, & toute sainte qu'elle a été, ne demande point de nous des marques de reconnoissance & de sensibilité plus solides & plus utiles pour le salut de son ame, que ne sont la tristesse, les larmes & les soupirs? Qui sçait (de la maniere que les jugements de Dieu sont impenetrables) qui sçait s'il ne reste point encore à cette belle ame toute pure qu'elle est, quelque tribut à payer à la justice divine avant qu'elle soit receüe en triomphe dans le Ciel au nombre des Bienheureux. Commencez donc sacrés Ministres de l'Autel le Sacrifice d'expiation que vous allez offrir pour elle. Et vous, O mon Dieu, recevez le favorablement & avec vos bontés infinies des mains de cet illustre Prélat que le zele, la pieté, le merite rendent si digne d'être exaucé. Unissons aussi, Messieurs, nos prieres & nos vœux à ceux de toute l'Eglise pour obtenir de la misericorde divine que rien ne retarde plus la beatitude infinie de cette vertueuse Princesse, qui n'a jamais soûpiré qu'en ce souverain bien dans tout le cours de sa vie, & qui n'a eu que de l'indifference & du mépris pour toutes les joyes perissables & corruptibles du siecle.

Allez, allez, belle ame, dont la terre n'étoit pas digne? Allez recevoir dans le Ciel les palmes & les couronnes que vous avez si justement meritées? Allez, Grande Reine, allez regner eternellement sur l'un des premiers Trônes de la gloire, & goûter ces torrents de felicité, que l'esprit humain ne peut concevoir que dans une pleine joüissance? Allez, Ange Tutelaire de la France vous approcher de plus prés de Dieu pour attirer toutes ses benedictions, sur la personne sacrée de nôtre Invincible Monarque vôtre Epoux, & sur toute l'Auguste Famille Royale que nous devons à vôtre heureuse fecondité? Allez-nous faire ressentir à tous l'efficace de vos ardentes prieres, & nous obtenir de la misericorde de Dieu, la paix de nos consciences par le pardon de nos pechez, la paix generale du Monde Chrêtien par la fin de toutes les guerres, & la paix eternelle de nos ames dans le ciel: Au nom du Pere, & du Fils, & du Saint Esprit.

PERMISSION.

VEU l'Oraison Funebre prononcée par Monsieur l'Evêque de Lombés, en l'Eglise S. Estienne de Toulouse je consens pour le Roy l'Impression avec défenses à tous autres Imprimeurs de contrefaire. A Toulouse le 6. Septembre 1683.

SANTOIRE.

VEU l'Oraison funebre de Monsieur l'Evesque de Lombés & consentement du Procureur du Roy, permets l'impression. A Toulouse ce 6. Septembre 1683.

LAYRAC Lieutenant Principal.

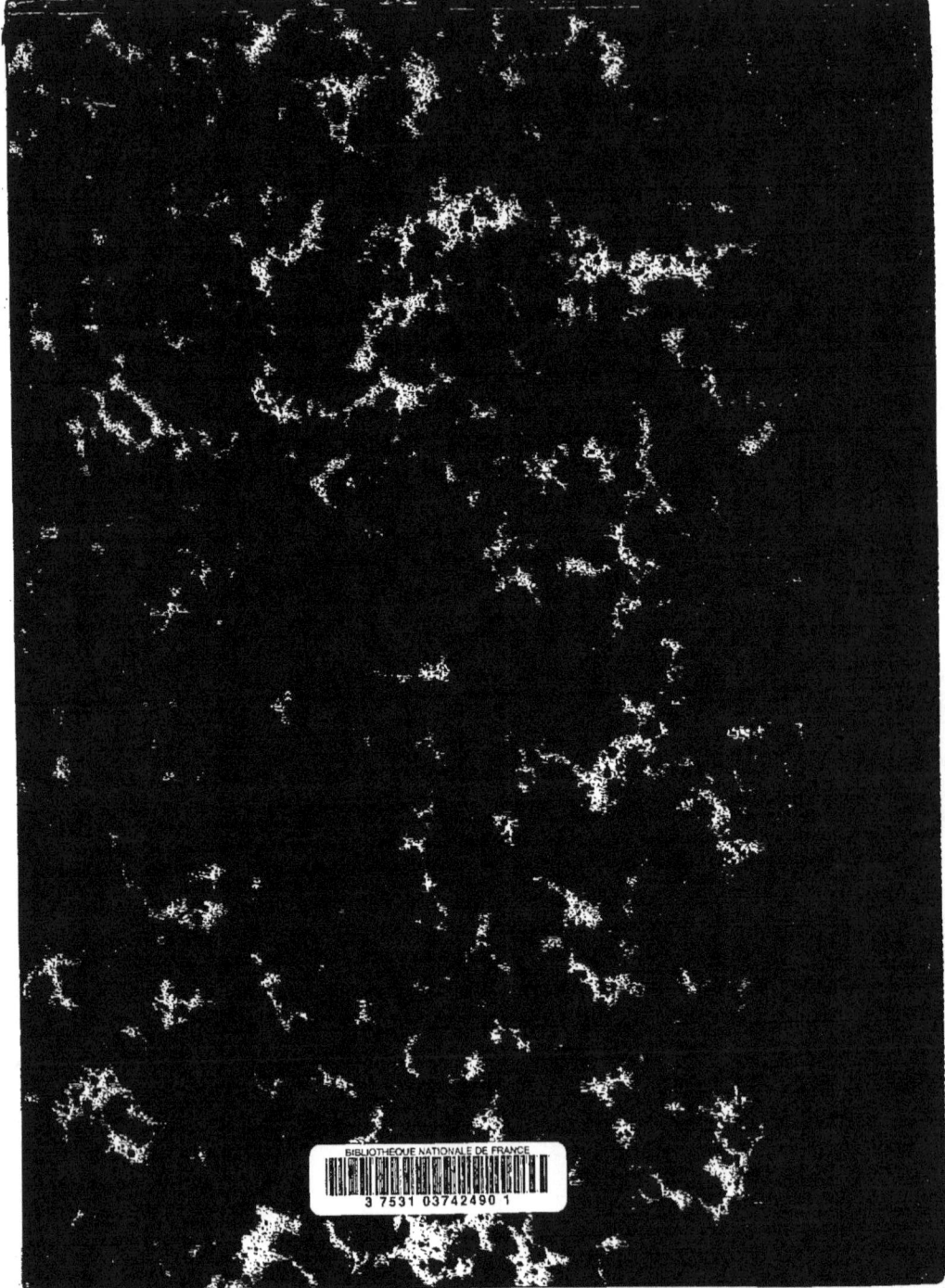

www.ingramcontent.com/pod-product-compliance
Lightning Source LLC
Chambersburg PA
CBHW060525050426
42451CB00009B/1171